Eileen Chang
Eileen Chang

优雅是残酷单薄的外衣

手绘
张爱玲的一生

画眉

著&绘

漓江出版社

1 / 1920年9月30日

生于李鸿章遗
下的上海老宅。
本名张煐。

2 / 4岁半

母亲因不满父亲吸
鸦片、养姨太太等
恶习，以出洋留学
为名出走。

3 / 19岁

以远东地区第一名成绩考入伦敦大学，
因“二战”改入香港大学。

4 / 22岁

以发表在《紫罗兰》杂志的小说《沉香
屑 第一炉香》，在处于“孤岛”时期的上
海文坛开启了“张爱玲时代”。

5 / 23—27岁

遇见胡兰成。热恋胡兰成。
嫁给胡兰成。决绝胡兰成。

6 / 32岁

以回香港大学复学为名悄然远走。

7 / 35 岁

赴美，次年与大她 38 岁的美国“左翼”作家赖雅结婚。婚后赖雅多次中风，她不得不边辛苦工作边照顾丈夫。

8 / 41 岁

耶鲁大学英文系博士夏志清的《中国现代小说史》在美国出版。在书中，夏志清以超越鲁迅的最大篇幅热情推举张爱玲。

9 / 46—51 岁

辗转于美国数所大学短期工作。

10 / 52 岁

定居洛杉矶专职写作。后因皮肤病困扰搬家 180 多次。

11 / 72 岁

获台湾地区第 17 届“时报文学奖·特别成就奖”。

12 / 75 岁

因心血管病逝于洛杉矶公寓。

“普通人的一生，再好些也是‘桃花扇’，

撞破了头，血溅到扇子上，

就在这上面略加点染成为一枝桃花。”

——张爱玲

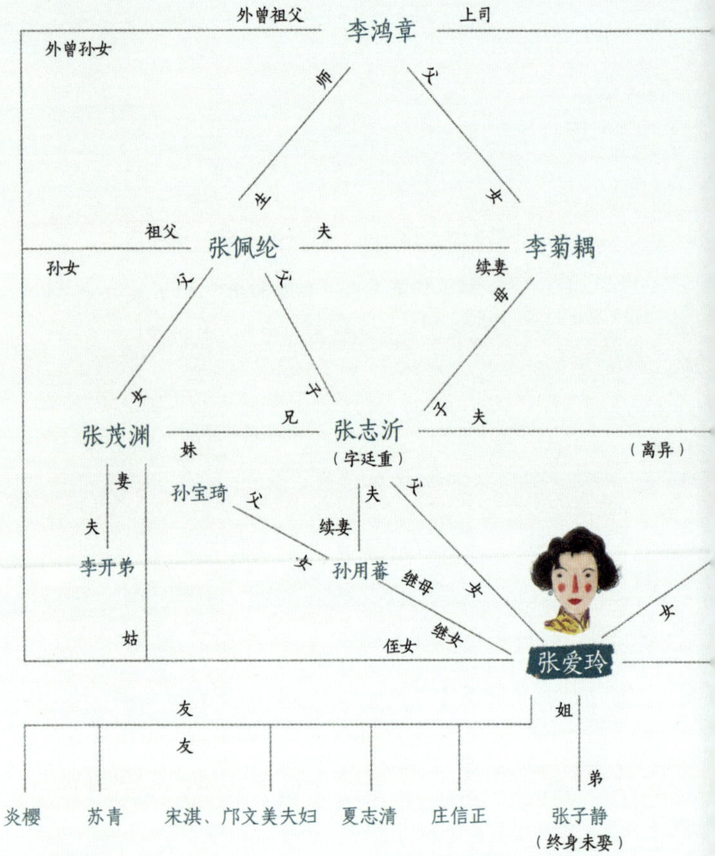
外曾祖父
李鸿章
上司
外曾孙女
师
生
父
女
祖父
张佩纶
夫
李菊耦
孙女
父
父
续妻
母
女
子
子
夫
张茂渊
兄
张志沂
（字廷重）
妹
（离异）
妻
孙宝琦
父
夫
父
续妻
夫
李开弟
女
孙用蕃
继母
女
女
继女
姑
侄女
张爱玲
友
姐
友
弟
炎樱
苏青
宋淇、邝文美夫妇
夏志清
庄信正
张子静
（终身未娶）

张爱玲生命中的重要他人

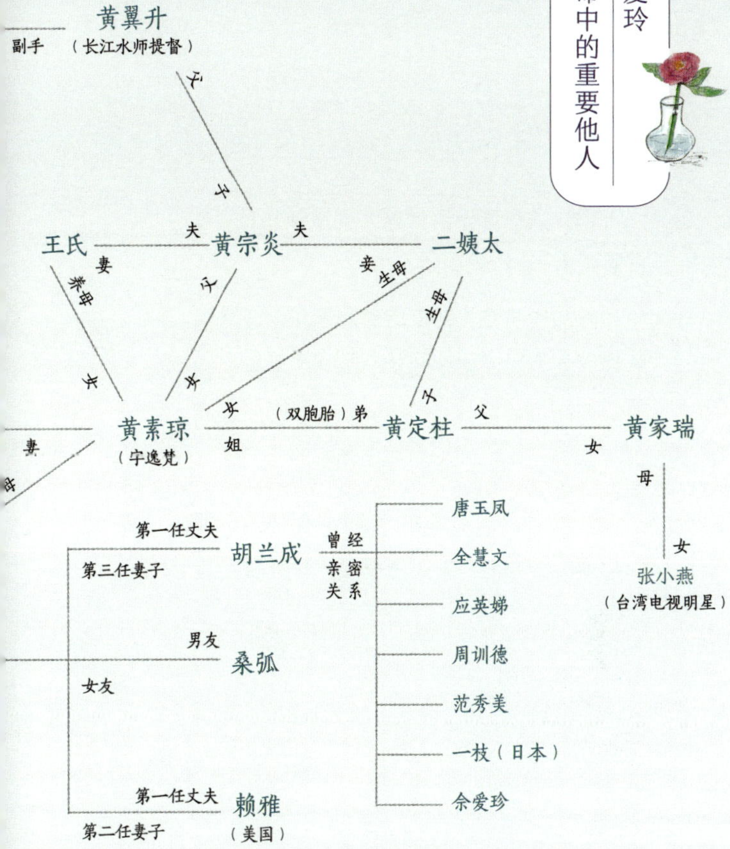

1916年，第一次世界大战激战正酣，袁世凯称帝失败，军阀纷争。

再乱的世道，只要活着，民间的婚丧嫁娶依然奋力趋向繁华热闹。何况是张佩纶张御史家的少爷张廷重，与黄翼升黄军门家的小姐黄逸梵，郎才女貌，新婚大喜。

这是一双被严重看好的金童玉女。他们都值二十华年。新娘清丽灵透，新郎秀雅博学。

1916

不知为何，在婚礼上接受了无数“早生贵子”祝福的他们，婚后4年，才于1920年9月30日，生下他们的长女张爱玲（本名张煐）。

胜在好事成双，一年后，他们为小煐添了个长相精致的弟弟。

1920　　1921

按中国传统风俗“抓周”时，一岁的小煐抓到的是个小金镑。据说还有一支笔。

一个喜欢钱，还爱写字的富家女孩，命运女神将如何相待于她呢？

ONE POUND

1922年，张廷重托堂兄的关系，在新兴大企业津浦铁路局谋到一份英文秘书的职务，张家迁居当时中国最摩登的都市之一，天津。

张爱玲人生最初的回忆之一，就是母亲对着镜子，在绿短袄上别翡翠胸针。拥丰厚家产，有体面职业，住花园洋房，开新款汽车，儿女双全，佣仆成群——这对羡煞旁人的年轻夫妇还能有什么索求吗？

虽然偶尔也买萧伯纳《心碎的屋》之类的舶来书翻看，但张廷重跟那时“老爷”并没有本质分别，他吸鸦片、赌博、逛窑子，还在外包养了一名唤作“老八”的妓女。

然而黄逸梵和那时的“太太”大有分别。她不仅姿容出众，还具有相当的艺术天分，能够信手以水彩为女儿的黑白相片精美着色。作为湖南人，她总是宣言“湖南人最勇敢”，深受“五四”以来新思潮影响的她，坚拒丈夫的遗少式生活方式。

规劝无效，1924年，她决计以陪伴小姑张茂渊出国读书为由，离开这个令她憋屈的环境。她是如此决绝，即使出发前行李被丈夫刻意藏匿，以期阻挠，也丝毫不能动摇她出走的决心。

可她又是如此犹疑着她的离开。前路漫漫未知，而一双儿女如此幼小。出发的那天，一切就绪，她却伏在床上痛哭不止，蓝绿色衣裙上金属片粼粼闪闪，仿佛泼上一桶水。

可天价的汽船船票却打消了所有回头的可能。眼看就要错过开船时间，女仆们只好让4岁的小煐上前劝道：

“婶婶，时候不早了，船要开了。”

注：张爱玲算是过继给大伯一房的，故称父母“叔婶”。

母亲走后，父亲干脆住进了小公馆。家里是照顾她的女仆何干，跟照顾她弟弟的张干一起主持家务。“干”字是干妈的简称，与奶妈们特用的“湿”字相对。

小煐很喜欢这段和忠仆们一起度过的日子。何干照顾过她的祖母、她的父亲，对她更是尽心，除了不能像母亲那样教她认字、背唐诗，其他都按母亲留下的规矩照料她，每天给她喝母亲坚信“营养胜过母乳”的牛奶，每天带她和弟弟去公园，经常领他们去亲戚家走动……

北方冬长，火炉上总坐着一罐麦芽糖，褐色的小瓦罐里插着一双筷子。糖化开的时候，女佣拔出筷子，小煐仰头张着嘴接着。虽然父母缺席，但小煐“不感到任何缺陷”。

家里给姐弟俩请了私塾先生，开启了跟父亲幼时一样“从早到晚摇摆着身子读古书”的求学模式。

而“母亲”两字，除了佣人手里指着的照片，便意味着从遥远的“英格兰”或者“法兰西”寄回来的新奇玩具和衣饰。

两年后，父亲包养的姨奶奶进了门。家里热闹起来，常常“叫条子”，开宴会。6 岁的小煐常常躲在帘子后面，偷窥那纸糊般艳丽的虚华。

姨奶奶脾气不好，但对她不错，常带她去“起士林”看跳舞，吃“高齐眉毛”的奶油蛋糕。买一大卷雪青丝绒料子，给她自己和小煐做时髦的丝绒短袄长裙，一式一样的“母女装”。问：“你母亲只舍得给你用碎布头做衣服，哪儿舍得用整幅的丝绒？你喜欢我还是喜欢你母亲？”

6 岁的小熳答:“喜欢你。”

——那一刻她“并没有说谎”。起码彼时, 真正陪伴她的并不是母亲。

姨奶奶跟父亲打架, 用痰盂打破他的头, 闹得沸沸扬扬, 父亲因此丢了铁路局的职位。族里有人出来说话, 让姨奶奶走路。

小熳自窗里看着家里大门里缓缓走出两辆塌车, 堆满姨奶奶带走的银器家生。

家庭不顺，职场坎坷，名声受损，32 岁的张廷重痛苦迷茫。幸好此时，大约在国外也漂泊累了，加之想念故土和孩子，收到丈夫承诺“戒除毒瘾，不再纳妾”的信，黄逸梵同意归来。

坐船回上海，以等母亲姑姑回国的小煐快乐极了。她坐在船舱里读《西游记》，舷窗外是神话般的“黑水洋绿水洋”。

西遊記
吴承恩

8岁的小煐吵着要穿那件最俏皮的小红袄迎接母亲。谁知母亲见到她的第一句话是："怎么给她穿这么小的衣服？"小女孩好容易方得见到母亲的满心欢喜，登时如被松脂油定住的小虫，动弹不得。

母亲还嫌佣人们给小煐穿的袜子太紧，留的刘海太厚——"萋住眉毛长不出来"。嫌父亲租的红油板壁的小石库门房子"没法住人"。一边说，一边气得声音都变了。

大概是妻子和妹妹回来心情大好，张廷重笑着解释，知道她们一定要自己看房子，不然是不会合意的，所以这里只是临时将就住罢了。

天地间陡然变了。洋房、鲜花、绘画、英文、话剧、跟好莱坞同步上映的美国电影、狼皮褥子、新衣服、狗，还有蕴藉华美的亲戚朋友。

新房子有四层，小煐和弟弟住顶层，斜屋顶，小窗子，多像童话里的黑暗森林小屋。他们并坐着看颜色样本簿子，为自己新房间的墙壁选颜色。她选了兴兴轰轰的橙红色，就算母亲说“红的背景总觉得近在眼前”她也不管。

姑姑伸出很小的手弹钢琴，母亲和着琴声吟唱。她在一旁叹息：“真羡慕啊，真想也弹得这么好。”立刻被妈妈姑姑视为音乐天才送去学琴。白俄女钢琴老师总是夸张地赞美她，亲吻她。她微笑着走出门去，才拿出手帕子擦掉脸上湿黏黏的口水。

小煐只觉母亲姑姑就像故事里专门给小孩送礼物的仙子教母，带来一切光明与美好。漫出天际的狂喜总要有个流露的地方。她忍不住写信给天津的一个玩伴，写了三张信纸，还画了图样，描述她的新屋，与洋式淑女风度的快活新生活。

这封信没得到回复。敏感的她以为是自己粗俗的夸耀开罪了对方，殊不知，也许是因为对方没有她这样提笔如打马平川的才能。毕竟7岁就开始尝试写小说的天才是罕见的。

午后的闲谈是一天中最愉快的半小时。餐桌都收拾干净了，蓝白光芒纹路的暗红瓷碗里搁着水果，一束阳光斜射在上头。母亲与姑姑说什么都是有趣的，小煐撒开耳朵使劲听。比如母亲与舅舅这对龙凤胎的传奇故事。

外公24岁去广西赴任，不幸染上当地的“瘴气”病去世。二姨太正有孕，听到这个消息当即晕过去。族人都对外公遗下的家产心怀耿耿，放言如果生的是女儿，“绝户”的家产将被充公。

他们日夜监视着屋子。听闻生了女儿，顿时大乱。正吵闹，接生婆又出来宣布：“还有一个，是男孩。”就是小煐的舅舅，黄定柱。竟是龙凤胎，这才镇住了局面，好险。当然有人质疑舅舅是抱来的，生产前被一位女仆装在菜篮里偷运进来。幸好婴儿那一刻没哭。可终归没有证据。而且母亲舅舅也是像的。

父亲丝毫不以为小孩应当入“洋学堂”。母亲只好拐卖人口似的强行把她送入黄氏小学插班就读。填写入学资料时，母亲嫌“张煐”这个名字念起来嘤嘤呜呜不甚响亮，想为她取个新名字，又一时想不起，只好临时由英文名Eileen 为她改学名为“张爱玲”。

父亲治好病，又反悔起来，不肯拿生活费，要母亲贴钱，想要她把钱逼光，再也走不掉。他们激烈地争吵，吓慌的仆人们把姐弟俩拉出去。他们在阳台上静静骑着三轮的小脚踏车。晚春的阳台上，挂着绿竹帘子，满地密条的阳光。

父亲低估了母亲的能量与决心。母亲是“解放脚”(裹过小脚又半途放开)而姑姑是“天足”(没有裹过脚),但在阿尔卑斯山滑雪,母亲滑得比姑姑好。

协议离婚那天,父亲不肯签字。母亲特聘的外国律师打电话给她,她回复:“我的心已经如一块木头。”父亲只得签了。

姑姑一向与父亲意见不合，随母亲搬进一所新式公寓。公寓里有生在地上的瓷砖浴盆、煤气炉子等一切现代化元素。张爱玲最喜欢的是母亲置办的七巧板桌子，分开是三角形、平行四边形……都靠一条腿站着，当然，也可以随时组在一起。整个公寓仿佛在开深浅不一的褐色立体派艺术展。

虽然惆怅那红的蓝的漂亮的家无法维持下去，但初始的畏惧褪去后，12 岁的张爱玲心底里是赞成的。她甚至觉得“家里有人离婚，跟家里有汽车或出了个科学家一样现代化”。尤其母亲那样洒脱：

“这不能怪你父亲。不是他的错。我常想他要是娶了别人，感情很好，他不会是今天这个样子。希望他以后遇见合适的人。”

没有错，母亲就像仙子教母，但仙子教母总是行踪飘忽，随时要走。其实她不甚明白母亲为什么定要一再远走。就连舅舅舅母都不大明白：“在国外都要自己刷地煮饭。”

母亲笑道：“只有这样我才觉得年青自由。”

母亲再次动身去法国前，去张爱玲住读的学校找她告别。仙子教母又要走了。她还会再次沐着灿烂的光晕回归吧？只不知将是什么时候。

特别难过的时候，人会自发僵住。张爱玲没有任何惜别的表示。母亲对此貌似也很高兴——再次长久地分别，居然可以如此轻易光滑地圆过去。可张爱玲疑心，也许母亲心里想的是：“下一代的人，心真狠呀。”

母亲不知道她走远之后，张爱玲一个人在寒风中，大声哭泣了很久。也只好哭给她自己看。

张爱玲和弟弟一起被留给父亲抚养。父亲的家一如既往，充满着旧式生活的惯性。鸦片烟、教弟弟《汉高祖论》的老先生、章回体小说、一沓沓乱丢的沪上小报……虽然与她心底的欢喜始终隔膜，但放假回家，在鸦片烟氤氲的薄雾中，跟父亲聊聊亲戚间的琐事与笑料，被父亲赞许几句她拿手的作文，仍使她觉得安心。

作为“资深小红迷”，她甚至在14岁时写了一部《摩登红楼梦》。父亲对于女儿的早慧显然很得意，亲自为之拟了回目。父亲是颇有才气的，但这只得一味闲置的才气唯令张爱玲觉得可怜。她坚信世界有两半，属于父亲这一边的必定不好。不久的将来，她自可以如一尾元气充足的小鱼，跃入母亲那边的最好的一切：去英国留学，穿最别致的衣服，周游世界，比林语堂还出风头，过一种干脆利落的生活——只要她愿意。而她很愿意。

父亲小有才气，都说脾气好。尤其近来上海房产普遍升值，又在交易所狠赚了一笔。父亲一下子成为亲朋间难得的择偶对象。失婚的小姐们多，上门说亲的、暗通款曲的，很有几家。

张爱玲一直住校，对家中事了解不多，她万没想到父亲会再婚。在夏夜的小洋台上，姑姑告诉她这消息时，她倏地哭了，满心只有一个迫切感觉：无论如何不能让这件事发生。如果那女人就在眼前，伏在栏杆上，她必定把她从洋台上推下去，一了百了。

当然这不可能。

1934 年夏天，父亲在礼查饭店订婚。婚礼半年后在华安大楼举行。婚后举家搬回张爱玲出生的老宅。

继母孙用蕃出身名门，父亲是前国务总理孙宝琦。孙宝琦姨太太众多，生有24 个子女，其中女儿16 个，孙用蕃不上不下排第七，本就不受重视，加之闹过与表哥恋爱不得、殉情不成的“丑闻”，很被孙宝琦冷落，郁结之下抽上了鸦片——这也是父亲肯的缘由之一 ——故而三十五六岁仍待字闺中。

婚礼上，跟一群叽叽喳喳的女孩坐一桌，听她们管孙用蕃叫“姑姑”，张爱玲略为放松了一点。正常女孩的姑姑，应当没那么魑魅魍魉吧？

然而一切都是模糊叵测的，只有桌上的喜糖切实可掬。张爱玲和弟弟不约而同坐下来拼命吃。只有那种蓝玻璃纸包的巧克力夹心糖好吃。

百年好閤
天賜鴻禧

幸好张爱玲素来住校，一个月才回家一次。

因为上海话讲得不好，亦因家庭变故，张爱玲在学校十分沉默。自小生活都是何干打理，不擅琐事的她卧室十分凌乱。学校规定把不穿的鞋子放在鞋柜里，她乱丢的旧皮鞋经常被舍监把来在走廊示众。如同母亲远行时她面无表情，每每她只回一声："喔哟，我忘啦。"

幸好，即使在人才济济的圣玛利亚女校，张爱玲的作文也很是出挑。12 岁时，她就在校刊上发表过处女作《不幸的她》。汪宏声老师任中文部教务主任后，向来只重英文的圣校终于昂扬国文，张爱玲的文学才华更受褒扬。新创刊的校刊《国光》上，张爱玲的短篇小说《牛》的技巧之圆熟使全校师生大吃一惊。

因为甚少回家，张爱玲与继母的关系起初表面尚算融洽。一次暑假，张爱玲随手写了篇《后母的心》放在桌上，继母看后大为感动，逢人必夸。然而张爱玲只是练笔。

为表善意，继母特意找了箱自己年轻时的旧衣裳给张爱玲穿，说料子都是很好的。殊不知作为上海数一数二的贵族学校，圣玛利亚女校的学生非富即贵。又逢及笄年华，女孩子们唯恐不能扯下西天云霞来制新衣，个个装扮入时，花枝招展，唯独张爱玲常年穿着继母的旧衣，有些袖口都磨破了。尤有一件碎牛肉颜色的薄棉袍子，穿不完地穿，冻疮一样。在极欣赏她的汪先生眼里，张爱玲成绩优秀，但“瘦骨嶙峋，不烫发，衣着也并不入时，表情颇为呆滞”，在大众眼中的印象更可想而知。

继母张罗给她换中国钢琴老师，说是又好又便宜。新老师跟以前的白俄老师教法完全不同，张爱玲手背上不知挨了多少打。当初学琴，并不是真的想做音乐家，只是喜欢母亲姑姑且弹且唱的优雅舒展。那一切早都不在了。放弃了至少父亲欢喜，再不必尬立在烟铺前，在继母装作不经意的犀利尾光中，等父亲万分不舍地掏皮夹。

幸好毕业前，母亲为了张爱玲留学的事情特地回国。啊，仙子教母又回来了。校刊《凤藻》邀请高三毕业生们填写“爱憎表”，张爱玲在“最喜欢”那栏填的是“爱德华八世”（Edward Ⅷ）。人看了都诧异，缘由却是：他为辛普森夫人放弃了王位，而辛普森夫人是位离异女性，正如张爱玲的母亲。你永远不知道你的孩子有多爱你。

1937年8月13日，沪淞抗战爆发。父亲的老宅近苏州河，夜间炮声隆隆使人无法安眠。舅舅家刚从芜湖搬回来住在伟达饭店，母亲也住那里，遂派人来接张爱玲过去，住了两个礼拜。

回来那天，继母劈头问："怎么你走了也不在我跟前说一声？"

张爱玲回："我向父亲说过了。"

继母道："你眼里哪儿还有我？"唰地打了张爱玲一个嘴巴。张爱玲本能地要还手，被两个老妈子赶过来拉住了。

继母锐叫。父亲趿着拖鞋，啪嗒啪嗒冲下楼，揪住张爱玲拳脚相加，一面吼："你还打人！你打人我就打你！今天非打死你不可！"

他将对倨傲前妻多少年来压抑的愤恨全部发泄在不足17岁的张爱玲身上。她的头被掌击到偏向这边，又偏向那边。张爱玲只觉得有无数次，耳朵都震聋了。她坐在地上了，躺在地上了，父亲还揪住她的

头发一阵踢。

幸好没有爱过他，即使爱，也只是爱“父亲”这个身份。所以，她没有那么伤心。她听见有一个自己，在老宅灰黯的半空中告慰自己。

第二天姑姑来说情。继母在旁架桥拨火："是来捉鸦片的吗?"姑姑不及多说，眼镜便被父亲打破，碎玻璃扎到脸上，去医院缝了三针。

张爱玲被囚在一间空房中。病由心生，不久她得了严重的痢疾。父亲兀自愤懑，不替她请医生。及至实在严重了，怕真出事，自己上来给她打针。打完就走，不发一言。张爱玲只好亦沉默，如金鱼缸上细细描出的橙红水藻。每多在这里待一天，就好比鱼在没有水的缸中多待一秒。

一伺可以扶着墙壁走，她就预备出逃。先向何干打听了门口两个巡警换班的时间，隆冬的深夜，伏在窗口用望远镜看清了黑路上没有人，遂挨墙一步步疾走出去，每走一步，都像给路一个响亮的亲吻。这路将引她走向一个美丽新世界呀。

然而母亲的家亦不复是柔和的了。

张爱玲隐约听见姑姑和一个侄子辈的男孩恋爱，那男孩的高官父亲因经济原因入狱，为了捞人只好拼命送钱。姑姑挪用了母亲放在她这里代为投资的钱，所有的。她自己的钱亦早全掷了进去，曾经雇白俄司机、法国厨子的姑姑现时在洋行打工。听闻恋爱亦不在了。

母亲卡在这里一时走不掉，同姑姑的关系也像两个相依的齿轮卡在一起，纷纷动弹不得。奇异的是，两人仍住在一起。说是不好分开让亲戚笑话。

也难怪母亲的脾气特别大，除了连衫裙打折，和接到情人电话的时候。每有异性来拜访母亲，张爱玲总是默默拿本书上公寓顶楼。顶楼是共享洋台，很少人有闲情上来。都是外国男人。母亲一早说过，中国人不懂得恋爱，与外国男人恋爱过，就不可能再与中国男人谈恋爱。

每天到对街舅舅家吃饭，带一碗菜去。苋菜上市的季节，她总是捧着一碗乌油油紫红夹墨绿丝的苋菜，里面一颗颗肥白的蒜瓣染成浅粉红，在天光下过街，像捧着一盆常见的不知名的西洋盆栽。她刻意走慢一点，这宁静太稀有。

母亲请了一个犹太裔的英国人为她补习数学，好投考伦敦大学。价钱死贵。还托人由重庆给她办了护照。

张爱玲越是感激越是抱歉，从微笑的唇形，到发丝的垂度，她全是母亲期待的对立面。有次她为母亲买花，茎居然是断的，无良店家用根铁丝撑着。母亲请客时缺把椅子，她争先恐后将一把沉重的沙发椅经由涩滞的地毯长廊拖到客厅，使了洪荒之力，却被惊诧的母亲在众人面前叱为“猪”。

越担心什么越来什么。莫名又得了伤寒，不得不住院，多花了母亲的钱，又耗费她的人情。张爱玲觉得自己除了年龄是17岁，一切都不对。

弟弟也曾来找母亲，坐在那里局促又兴奋——他居然可以距离他电影明星似的母亲这样亲近。

但母亲柔声道，她的钱负担张爱玲一个人已非常吃力，实在没有办法照顾弟弟。大约她始终坚信虎毒不食子，终归只有这一个儿子，他父亲就算有所怠慢，断不能不替他打算。

弟弟走了，眨巴着一双仿佛听得见眼泪在转的大眼睛，带着他来时唯一带来的一双报纸包的旧篮球鞋。令张爱玲想起被她连累的何干送过来的她小时的玩具，一把淡绿色鸵鸟毛折扇，年代久了，一扇便掉毛，漫天飞着，使人咳呛下泪。

虽然当时并不知道，母亲曾托人找父亲商榷，想让她回去，她仍如有鳄鱼追赶、不擅游泳而立志要活下去的人，倾轧自己逆水前行——在1939 年伦敦大学入学考试中，她取得远东地区第一名，终抵彼岸。

然而“二战”爆发，她只得转入香港大学。总归是得来不易的新世界罢？凤凰木、鸡蛋花、淡巴菰、象牙红、漫山遍野的杜鹃花……还有炎樱——一位被富商父亲及温婉母亲宠得周全的锡兰女孩，活泼热情，人人都爱她。她却最爱张爱玲。大约是感觉她谁都没有，只有她？

大一暑假，为省钱张爱玲只得留校。炎樱收拾行李那天，她哭了一天。炎樱慨然说留下陪她，她却拒绝了。她并不是舍不得炎樱，或者母亲姑姑，她只是舍不得上海。她以为她已习惯了离别。

谁知母亲居然来港，住香港最贵的浅水湾饭店。在姑姑那里的钱拿回来了，她又可以做回环球旅行家。张爱玲有点遗憾同学们都不在，虽然姑姑玩笑母亲像神话里“被罚永世流浪的犹太人”，但谁有这样见识过那么多远方的美丽母亲？

因为学业出色，亦因家境平常，她收到一位英国老师私人寄给她的八百元钱，作为老师对得意门生的奖赏，及怜悯。张爱玲立时心怦怦就要跳出腔子地拿给母亲，这有生以来至大骄傲。母亲淡淡收了，当天就输在麻将桌上。不多不少，八百块。

母亲没让她同住浅水湾酒店，但允她在此洗澡。正洗着，母亲忽地进门，劈劈啪啪不知是取口红还是镊子，却蓦地转头细打量她——母亲在检查她是否处女。老辈人认为能从外表上看出来。

张爱玲凝在那里，寒意如瀑遍身而下。母亲以为她的钱是与老师做了什么得来？她发愿有一天要交给母亲一个长盒，盒里装着玫瑰花，花下满是钞票。

这是从此她与母亲最亲密的关联。

1941年12月，日军进攻香港。富家女同学忧心忡忡，从水上跳舞会到晚间派对，她都有充分的准备，但是打仗时该穿什么？

一个炸弹轰然落在对街，张爱玲差点被炸死，但怔忪良久，她想不起该告诉谁。唯一令她怅惘的或者是，二年级时她独得港大文科两个奖学金，但沦陷在即，相关档案全部被销毁。同学中唯有炎樱胆大，上城看电影，流弹打碎了浴室的玻璃，她犹一边洗澡一边唱歌。

香港沦陷后，她们满街找冰淇淋和嘴唇膏。只有一家吃食店说明天下午或许有。女孩子们第二天步行十来里路去践约，吃到一盘吱格吱格全是冰屑子的昂贵冰淇淋。

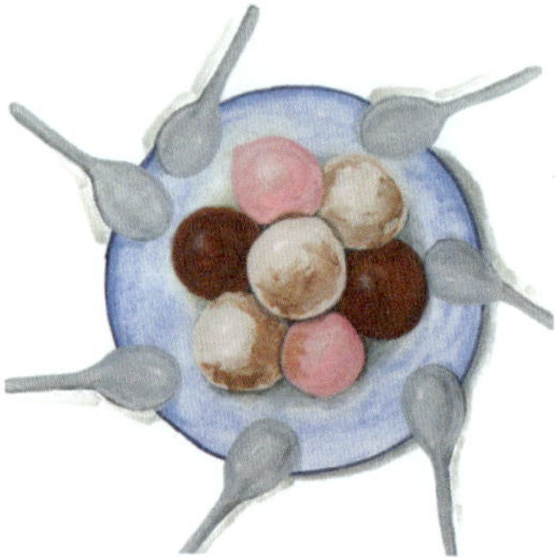

没有死，就得活下去。为求食宿，她和炎樱一起做护工。对于那些被痛楚绑架乃至撕票的伤病员，她并没有太多同情之心。她母亲念起旧事掩面痛哭时，她都觉得厌倦与尴尬，恨不能插翅逃掉。

1942年秋，上海圣约翰大学秋季入学学生通讯录上，排名第四的中国学生如下：

张爱玲 赫德路195号内60号 32701(电话号码)。

其实圣约翰大学的教学方式，她并不喜欢。在港大读书时为了英文好，她两年内不写中文，给姑姑的信都是用英文。在这次转学考试中，她的国文卷子居然被批为不合格，只能读大一。幸好凭着一股子聪明，她很快升入四年级。

穿着自行设计的鹅黄旗袍，下摆处漾着尺来长的流苏，张爱玲所到之处无不引发瞩目。其实她的生活费尚无着落。虽然勉强可去父亲那里讨到一点学费，但只得半工半读，辛苦非常。

入学几个月后她即决定辍学，卖文为生。当然这亦艰难，在人看来几乎是凌空蹈虚，但这是她平生乐事，也是她罕有的连母亲都从未批判过的事。她愿意为之艰难。

1943年5月的一天，《紫罗兰》杂志主编周瘦鹃来到位于赫德路上的爱丁顿公寓，乘了电梯直上六楼，进入一间洁而精的小客厅。

他来这里参加一个小小茶会。牛酪红茶，甜咸西点，精美的茶杯与点碟。茶会主人是他的新晋作者张爱玲，和她的姑姑。周瘦鹃携来的几本杂志里有她的小说处女作《沉香屑 第一炉香》，接下来《紫罗兰》还将连载她的《沉香屑 第二炉香》。

虽只是小试牛刀，但这两篇格致刁钻的小说立刻引发圈内人士的关注。"第二炉香"尚未燃尽，知名杂志已争相向张爱玲发起约稿。

第一卷
第一號

1943年7月,《杂志月刊》发表张爱玲的小说《茉莉香片》。8月, 柯灵主编的《万象》发表她的小说《心经》。9月,《倾城之恋》面世。接下来是《琉璃瓦》《金锁记》……还穿插多篇意蕴丰美的散文。

难怪惯见大场面的上海滩迅疾掀起张爱玲热。这女孩老天赏饭吃, 遣词造句有如神助, 以写衣服遇见风为例:

"她披着翡翠绿天鹅绒的斗篷, 上面连着风兜, 风兜的里子是白色天鹅绒……风越发猖狂了, 把她的斗篷涨得圆鼓鼓的, 直飘到她头上去。她底下穿着一件绿阴阴的白丝绒长袍, 乍一看, 那斗篷浮在空中仿佛一柄偌大的降落伞, 伞底下飘飘荡荡坠着她莹白的身躯——是月宫里派遣来的伞兵么?"(《茉莉香片》)

"她到了窗前. 揭开那缀有小绒球的墨绿色洋式窗帘, 季泽正在弄堂里往外走, 长衫搭在臂上, 晴天的风像一群白鸽子钻进他的纺绸裤褂里去, 哪儿都钻到了, 飘飘拍着翅子。"(《金锁记》)

——仿佛衣裳的每一缕纤维都吸饱了天地间的苍凉, 而洇入穿衣者的每一寸肌肤。看客们原以为事不干己, 猝不及防被那浸了风陡然涨大的衣裳扑剌剌蒙了一头, 一脸, 一心。骤寒暴热交替的恍惚里, 心甘情愿被张爱玲下了蛊。

到1943年秋，整个世界都在约张爱玲的稿，到处都在邀她“拨冗出席”。参加圣玛利亚女校同学会，她再也不是隐形人。弟弟和朋友办个杂志《飙》，自然更想近水楼台，但，怎么可能：

“你们办的这种不出名的刊物，我不能给你们写稿，败坏自己的名誉。”

她终于初尝出名的喜悦，迫不及待地想要将这欢喜张扬光大。她炫人的衣名很快就与绮絢的文名齐头并进，语不惊人死不休，衣也是。

旗袍外罩短袄只是餐前小点。十八世纪的西装少妇风、宽袖大袍的老祖母行头，她欣然用于日常，战后香港带回的玫瑰花红混嫩黄叶绿图案的广东花布——据说只宜给婴儿穿，她却把来做旗袍。有人在马路上看到她，穿一件欧洲古代的内衬鲸骨架子撑开的长裙，她把长裙改成短裙，齐着膝盖又把宽大的裙摆缩小，像一个灯笼……如天赋异禀的大厨，直噎得食客目眩神迷，而绝舍不得遗掉哪怕一小缕配菜。

秋阳午后，清风如许，法桐树下，小孩忽然撒开自行车把，让车子顺着宽畅的柏油马路恣情滑翔——岌岌可危敌不过心花怒放。

苏青是上海滩另一位风头极盛的女作家，大张爱玲4岁，为人为文皆精诚利落，有男孩气质，又是样貌不坏的离婚女人，自然容易聚拢大批自为风流的多情男人，其中包括当时的伪上海市长陈公博，和汪伪政府宣传部政务次长胡兰成。

资源丰富，何不自办杂志，不必看他人脸色。苏青先办了《天地》，颇红。又办了副刊《小天地》，也红。红杂志当请红作家，1943年11月，张爱玲在《小天地》上发表短篇小说《封锁》，讲的依然是她拿手的毫无出路的男欢女不爱：一辆战时暂被封锁的电车上，一对陌生男女，从陌生到熟悉只花了几分钟，从熟悉到陌生只花了几秒钟，中间迸发的热情多么如火高涨，其后的跌悔就多么摧肝齑肠。

好文自令人激赏。但大多数人仅限于激赏好吃的“鸡蛋”，并不肯冒昧惊扰努力生蛋的“母鸡”。但浪荡闲人未必。这篇小说就引来一个以惊扰“母鸡”为乐的激赏者，胡兰成。

其时他正赋闲在南京石婆婆巷20号家中，在苏青自上海寄来的杂志上乍见此文，当下起了六种震动。尤其苏青寄来的下一期杂志又有张爱玲的一篇散文，文后更有她一张照片——哦，一个为文精妙的二十出头女孩子。

1944年2月，胡兰成从南京到上海，一下火车不回家，先找苏青，寒暄几句后，即索要张爱玲地址。

苏青出于维护朋友，也出于对眼前这个男人的了解，说张爱玲不见人的。但胡兰成最大的特长是与女人夹缠，苏青当初甩脱不开，此刻亦然。

胡兰成果然碰了壁，只好留下字条离开。先前他因一篇反对汪伪政府对英美两国宣战的文章入狱时，苏青曾约张爱玲去周佛海家为之说情，张爱玲对他的名字并不陌生，何况这次有苏青引荐。“宣传部次长”的名衔和资源，对于一名渴望奠稳自己文坛位置的新人来说，亦是具一些诱惑力的。何况由底层起势，跑江湖多年，胡兰成“看见”他人的能力极强，能够第一时间牵出对方最想令人“看见”之处。

末一项特长，令张爱玲第二日去大西路美丽园胡兰成住处回访时，在客厅一坐就是五个小时。文史功底不薄，做过以口才为生的教师，曾为汪精卫“文胆”，又混迹官场，胡兰成深谙“讲话的艺术”。张爱玲已23岁，竟从未有人如此将全副身心凝注在她一人身上，以她喜为喜，先她忧而忧。张爱玲只23岁，尚不能想象更深的深渊。

她走，他送。他忽问："你的身材这样高，这怎么可以？"

她骤然红了脸。果然老辣，区区一句话，便将二人泾渭分明的界限搅成暧昧。如果对方并无此意，这话亦可视为无意闲谈的。他不说自己矮，却嫌对方高。

人一出名，难免人人都想来一句“我的朋友张爱玲”。但炎樱外，张爱玲唯与苏青交好。同样来自离异家庭，大学肄业，卖文为生，家中每一粒钉都是自己赚的。且苏青还负责发稿费。与苏青会晤，她侃侃而谈：“如果男女的知识程度一样高，女人在男人面前还是会有谦虚，因为那是女性的本质，因为女人要崇拜才快乐，男人要被崇拜才快乐……我一直想着，男子的年龄应当大十岁或是十岁以上，我总觉得女人应当天真一点，男人应当有经验一点。”

但在当时的上海，乃至整个东亚最出风头的女明星李香兰面前，记者同样的关于恋爱观的提问，她却表示无可奉告：“即使我有什么意见，也舍不得轻易地告诉您的罢？我是个职业文人，而且向来是惜墨如金的，随便说掉了岂不损失太大了吗？”

欲进到张爱玲的世界，要么同她一般浑然天真，要么承担她的缺席父母。通常人想要牵连张爱玲，只好似缘木求鱼。有位女作家潘柳黛，也曾众星捧月，见张爱玲横空出世，大约心生不忿，甩出一篇《评胡兰成<评张爱玲>》，出语颇为刻薄。

胡兰成红笔密圈张爱玲的贵族身份，潘柳黛写：“张爱玲是李鸿章的重外孙女，这种关系就像太平洋上淹死一只老母鸡，吃黄浦江水的上海人却自称喝到了鸡汤一样。”胡兰成赞张爱玲的创作横看成岭侧成峰，潘柳黛道：“胡兰成何时‘横看’和‘侧看’张爱玲了？”

张爱玲成名以来得的都是红利，第一次领受不相干人不甚客观的评头论足，据说大哭一场。那时她还年轻，还不懂得这世上并无他人，只有自己。

有生以来，从未有人待她如此热络、专注、七情上脸，“这张爱玲的，便皆成为好”。从前那些只得在纸上倾吐的细末心事，此刻竟有现实的回声。她讲古书讲诗画讲音乐讲时装讲她母亲自埃及带回的两串玻璃大珠子……他全接得住。接不住便依她，殷殷表白“我在爱玲这里，是重新看见了我自己与天地万物”——捧了她，也抬了他自己。她欢喜到讶叫：“你这样聪明，上海话是敲敲头顶，脚底板亦会响。”

他有妻有妾有五个孩子——妻是疯的，或可忽略不计。每由南京返沪，他下火车却先投奔她处。她穿什么他都注意得到，绝不会使一粒纽扣衣锦夜行。她随手斟盏茶，他亦赞出“你这一下姿势真是艳”的绝句。他把脸埋在她肩上说：

“我不喜欢恋爱，我喜欢结婚。我要跟你确定。”

他样样令她如暮春午睡方起，漫身入窗暖阳。使她不禁写道：

“他一人坐在沙发上，房里有金粉金沙深埋的宁静，外面风雨琳琅，漫山遍野都是今天。”

他们一起去看朝鲜女舞蹈家崔承禧的演出。出来时下雨，在戏院门口讨得一辆黄包车，雨篷放下，她坐在他身上，但觉天地初始。他只觉“可是她生得这样长大，且穿得雨衣，我抱着她只觉得诸般不宜”。

他的妾应英娣决计离婚，他去张爱玲处痛哭：“英娣竟与我离异。”他没想过离婚，却要与她结婚。

1944年8月，在张爱玲买的大红龙凤婚书上，她写：“胡兰成张爱玲签订终身，结为夫妇。”

他补写：“愿使岁月静好，现世安稳。”

旁写炎樱为媒证。帮他管家的侄女胡青芸也在，见他们向着一对插在白馒头里的红烛拜堂，不由失笑，觉得像小孩子办家家酒。

他有些诧异：“怎么只有一张婚书？”

她一怔。她竟没有想到婚书需要“各执一份”这回事。敏感如她，立时略有点疑心这是否正应了他“非正式结合”的意思？只一张婚书，自然是写给女方作凭据的。

但买婚书的地方很远，她很累了，不能再去买。这一张只好由她收起，搁在箱底。是年她23岁，他38岁。

同个月，张爱玲的小说集《传奇》由上海“杂志社”印行出版，一时洛阳纸贵。张爱玲人逢喜事精神爽，在《再版序》里写：

“等我的书出版了，我要走到每一个报摊上去看看，我要我最喜欢的蓝绿的封面给报摊子上卡一扇夜蓝的小窗户，人们可以在窗口看月亮，看热闹……

呵，出名要趁早呀！来得太晚的话，快乐也不那么痛快。”

傳奇
張愛玲著

1944 年11 月，胡兰成去武汉接办《大楚报》。走前提给张爱玲一箱钱，让她拿去还母亲。是部分办报经费。张爱玲虽不致大喜过望，但是“用丈夫的钱，如果爱他的话，那却是一种快乐”。而且他终是记得她的夙愿的。

唯其感念，所以他来第一封信便提及遇见个17岁小护士周训德，说她洗衣比别人干净，捧一碗菜亦是端正——这小周的，便皆成为好——张爱玲初时并不在意。胡兰成每信必提小周，她也常予问候，以为他不过是寂寞无着逢场作戏。他没提每天去报馆之前总要看见小周，去报馆回来亦是先找小周——就像他从前找张爱玲。他每次回上海都给张爱玲钱，虽然偶尔失言“你这里也可以有一笔钱”，但亦曾闲闲道：“我们将来也还是要跟你姑姑住在一起。”——至少他以为他们有将来。

她不知道，胡兰成之于小周同是有将来的：“训德，日后你嫁给我。”

日子像用疙里疙瘩的线缝衣，费心巴力，歪歪扭扭，勉强囫囵着。1945 年1 月，张爱玲散文集《流言》由中国科学公司出版。她的声誉再上层楼。

4 月，张爱玲在《力报》发表短文《炎樱衣谱》。该文每一节后面都注明了炎樱服装店的电话，与其说是篇散文，不如说是篇文艺范的商业硬广了。委实应了张爱玲那句：人出名到一定程度，就有资格胡说八道。

不过，以张爱玲的笔力，和彼时的滔滔元气，即使写广告文案也是精灵佻达的：

“酱红色围巾改制的草裙舞背心，背心下面溜出不多的一点鸦青色小裙子。配一双美国西部牛郎风的带红线排穗的手套。骑脚踏车时戴了，风中排穗向后飘着，两边生了翅膀般泼刺可爱。

侠盗罗宾汉似的苔绿色麂皮大衣，长及膝盖，细腰窄袖，前面一排麂皮扭作核桃结的直脚纽，毛绒兜兜，下面配稀稀织就的苔绿色绒线长筒袜，整体有一种童话气息的自由俊俏。

墨绿色旗袍，双大襟，三寸长的桃红直脚纽共四只，虚虚组成三角形图案，使人的下颌显得尖。另附带一种桃红色的西班牙式 Bolero，印度软缎制，胸前敞开，细长袖管，尖袖口直切手背，把一双手也衬得纤长敏感。后身也切出个尖子，为了要腰细。暗绿配桃

红——人像一朵宫制的绢花。”

——真真流丽动人，令人心生想往。可惜大约时装制造终比撰文繁琐，加之不久日本即宣布无条件投降，她们的制衣理想终于夭折。

胡兰成化名张嘉宜，开始逃亡生涯。渡汉水，过钱塘江，至绍兴、金华、温州。后段有友人父亲的守寡姨太太范秀美一路相送，哪知胡兰成惯例一路夹缠，才至丽水，两人已成夫妇之好。张爱玲？小周？只宜给胡兰成把来逗弄新人：“将来会在一起，你不怕被比落？”

他毫不思想此刻小周已因他落狱。张爱玲因他被人人喊打，工作遭停滞，而仍牵念他的悲喜。

1946 年伊始，张爱玲从友人处得知胡兰成下落，卖了些金子，穿着特做的蓝印花布村妇衣裳，从上海出发，历乘火车、货车、轿子、长途汽车、黄包车、独轮车、舟船，长途奔袭去温州看胡兰成。胡兰成眼中自来不懂哭的张爱玲，夜半伏在借宿人家的枕上痛哭失声：

“拉尼（英文 HONEY 的音译，甜蜜爱人之意），你就在不远么？我是不是离你近了些呢，拉尼？”

她只觉自己是一直线地向着胡兰成，像火箭射出去，在黑夜奔向月亮。只可惜黑夜那样长。

历经一个多月的辛苦长路，脸晒塌了皮，尻骨都磨破了，终于在船上望见胡兰成躲匿的温州城时，张爱玲觉得这城就像含有宝珠在放光。

胡兰成却不以为意。初始一惊——担心张爱玲一路牵来眼线殃及他，当然更因他身边又多了范秀美。他粗声骂："你来做什么，还不快回去！"

张爱玲尚以为他不过是担心她的安危。她住在本埠公园旁一家旅馆里，胡兰成白天去看她，晚上自回去与范秀美同寝。理由是怕警察来查夜。她偶然兴起想要速写范秀美，然而画了一半就画不下去了。大约替范秀美诧异，胡兰成一再追问缘由，张爱玲幽幽道：

“我越看她，越觉得你们眉眼相像，实在画不下去。你还只管问。”

张爱玲千里奔袭，本是向胡兰成讨问小周事宜。再是痴恋到万劫不复，这却是张爱玲绝不退后的底线。然而胡兰成如糊油泥鳅般滑腻，云里雾里断不肯切题。张爱玲万般无奈，只得道：

“我想过，我倘使不得不离开你，亦不致寻短见，亦不能再爱别人，我将只是萎谢了。”

二十多天后，在胡兰成的催促下，张爱玲只得离去。不及她开口，他先自微笑：“不要问我了好不好？”

张爱玲只得强笑不语。她一人撑伞在船舷边，面对滔滔黄浪，伫立涕泣很久。来时路虽艰难，仍怀有一隙热望。然而此刻，她只念起一句英文谚语：“灵魂过了铁。”虽然距恢复刚艳尚远，铁已进入她的灵魂。

痛苦像火车，日夜在她心底轰隆轰隆开，没有一点空隙。张爱玲只吃得下美军罐头、西柚汁。原就瘦，此刻外忧内患，更雪上加霜。

为躲温州查户口，胡兰成去诸暨躲了八个月，风头过后回温州时过上海，在张爱玲处住一宿。他责备张爱玲不会招待客人，张爱玲罕有地激动反驳。胡兰成对此很是惊异，张爱玲居然在他面前有力气自我防卫了。

晚饭后，胡兰成又据实告诉了张爱玲他和范秀美的"事"，包括范秀美上次"过境"上海，其实是来找胡青芸帮忙打胎。张爱玲听了已经说不出话来，他又要她看他在诸暨写的《武汉记》，里面通篇都是小周。张爱玲只说了句："看不下去。"胡兰成竟打了她的手背。

是晚两人各自睡去。翌日早天未亮，胡兰成去隔壁房撩张爱玲。张爱玲从被窝里伸手抱住他，只叫一声："兰成。"有泪，却拒绝他吻她。

是日晌午，胡兰成离开张家上船往温州去了。这是他们最后一次相见。

张爱玲这边如火上煎熬，那厢惦念她神凿般文字的读者大有人在。1946 年《香雪海画报》创刊号，刊登张爱玲铁粉李君维的文章《跟在张爱玲后面》：

“式样挺新颖的紫酱色印花绸旗袍，裹住一个没有曲线美的身躯；跳着纤白的六寸圆趺，穿着奶黄色软底平跟鞋，挟着褪色的大皮包，俏立在报摊上，东翻翻，西翻翻，不是张爱玲吗？

“结果没有买，报摊对她死瞪着眼，没有想到她就是烜赫一时的女作家……”

因为张爱玲曾经在散文《必也正名乎》中，调侃自己的名字恶俗不堪，她却不愿意改成当时文人流行的生僻夺目笔名。倒是圣约翰大学毕业生李君维，特为自己取个怪异笔名“东方蝃蝀”，以示对心目中文艺女神的致敬。

文化电影公司导演桑弧亦是张爱玲粉丝，1946 年终于通过柯灵请到张爱玲写剧本。作为资深影迷与影评家，张爱玲对电影语言和节奏的把握相当老到，他们合作的电影《太太万岁》《不了情》大获成功。

桑弧是上海长大的男孩子，气相清秀，吐露儒雅，最宜初恋。可惜张爱玲来得不巧了。“雨声潺潺，像住在溪边。宁愿天天下雨，以为你是因为下雨不来。”是她平生罕有的干净句子，写给他的。

她为他开始学化妆。身边友人也乐意撮合他们。可是……起了恋爱热情是一回事，真要横下心来在一起是另一回事。他的年青俊朗、横溢才华、大好前途都光鲜磊落，却并非她最渴求的。

去看电影出来，她觉察他比来时态度冷漠，偷偷睇下粉盒里的小镜子，推理出是自己脸上塌出油光的缘故。因胡兰成故暴瘦，例假都几个月没来，她疑心怀孕，他找了个相熟的女医生给看，结果并不是，却验出她"子宫颈折断"，她立马给自己贴上"残花败柳"字样，且以为那医生是他朋友，她须先行坦白……也许一切都是她个人臆想。但使女人不惜工本瞻前思后的恋爱，结局都堪忧。

他结婚时没有请她。不过她从来没有懊悔过，因为那时候幸亏有他。

1947年6月，张爱玲终于寄出一封信：

“我已经不喜欢你了，你是早已不喜欢我的了。这次的决心，我是经过一年半的长时间考虑的，彼时以小吉（小劫之意）故，不欲增加你的困难。你不要来寻找我，即或写信来，我亦是不看的了。”

随信寄去她做编剧的稿费30万元。胡兰成逃难无收入，这一向她常寄钱过去。算是还之前他拿来的钱。当时通货膨胀凶猛，这些钱到胡兰成手里，只能买80多斤黄豆，或60多斤大米。据说这也是彼时张爱玲不写或少写长篇小说的原因，因为需要分期刊载，而稿费额度是一开始就签订的，写到后来未免太不划算。

SAFETY MATCHES
上海
光明火柴公司

1949年，炎樱一家离开上海。张爱玲去送行。明天就要走，他们家床铺已经全拆了。出门时已近午夜，炎樱妈妈拿一条红纱巾给张爱玲围住，又塞给她一只大红苹果。

之前一年，她母亲已然离去。这依旧烈火烹油的都市，于她的亲稔越来越少。

1950年，张爱玲以“梁京”为笔名在《亦报》连载长篇小说《十八春》。后又连载中篇小说《小艾》。这两部小说与她过往风格完全不同的是有着光明的尾巴，以示作者对新政权表示的谨慎而不失真诚的欢迎。

1950年7月24日，上海第一届文学艺术工作者代表大会在一家电影院里举行，张爱玲应邀出席。旗袍外面罩件网眼的白绒线衫在她已是最庸常的装扮，但在满眼的中山装、列宁装中间还是显得很突出。有人甚至追忆她戴了太阳眼镜。这不太可能，因为她高度近视。大约是她的气质显得太过凛然难犯的缘故。

据说她被邀请，是因为周恩来总理在重庆看过她的小说，50年代初上海市委常委兼宣传部长夏衍也是她的读者。总理指示：有几个原不属于进步文化阵营的文化名人，要争取把他们留下，比如刘海粟和张爱玲。

会议一共进行了6天，不知是否会场有冷气的缘故，后来张爱玲就因感冒请假了。

1952年7月17日，张爱玲以去香港大学完成学业为名赴香港。在长江公寓301室，张爱玲与姑姑洒泪分别。

她离开不久，夏衍委托《亦报》负责人唐大郎找到姑姑，对未能及时安排张爱玲合适的工作表示歉意。但这个信息未能传达到张爱玲那里，因为走前，她与姑姑约定从此断绝往来。

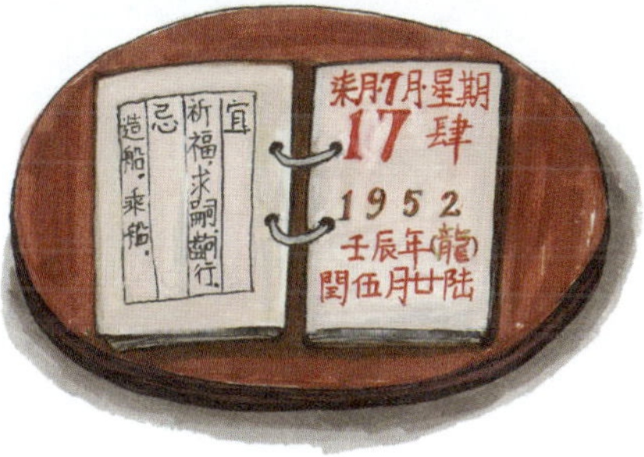

宜
祈福，求嗣，
忌
造船，乘船，
柒月·7月·星期
17
肆
1952
壬辰年(龍)
閏伍月廿陸

张爱玲在港大的复学并不顺利，她没有申请到助学金，只好先打工。在报上看到美国新闻处发布的招聘名著译者的广告，便投了简历，结果被选中。美新处文化部主任理查德·麦卡锡问她近来在做什么，她答在写小说《秧歌》。

《秧歌》是一部反映国内“土改”状况的长篇小说。虽然没有农村生活经验，但昔年由上海前往温州探望胡兰成的长途中，张爱玲以她敏锐的“天眼”，捕到了江南乡村种种活色生香的细节。事实上，《秧歌》中诸多场景描写，简直就是照搬记录那次农家游的长篇散文《异乡记》。

譬如《秧歌》开篇对于环境的渲染文字：

“差不多每一爿店里都有一个杀气腾腾的老板娘坐镇，人很瘦，一张焦黄的脸，头发直披下来，垂到肩上；齐眉戴着一顶粉紫绒线帽，左耳更缀着一顶孔雀蓝大绒球——也不知是什么时候兴出来这样的打扮，倒有点像戏台上武生扮的绿林大盗，使过往行人看了很感到不安。”

与她《异乡记》第五节中的段落如出一辙。

“这一带差不多每一个店里都有一个强盗似的老板娘坐

镇着，齐眉戴一顶粉紫绒线帽，左耳更缀着一顶孔雀蓝的大绒球——也不知什么时候兴出来这样的打扮，活像个武生的戏装。帽子底下长发直披下来，面色焦黄，杀气腾腾。这饭店也有一个老板娘，坐在角落里一张小青竹椅上数钱。”

还有一段关于出售麻饼和黑芝麻棒糖的小店的白描，亦几乎原样照搬。《秧歌》英文版很快得到在美国出版的机会，如此生动的细节功不可没。那一场备受煎熬的长途奔袭倒非全无益处。

1952年11月，张爱玲曾去日本投奔炎樱。炎樱说可以帮她在日本找到工作，而且自日本赴美貌似容易些。但1953年2月，张爱玲无功而返。她向新近结识的女友邝文美分享，炎樱在日本过得不错，凭着蹩脚的日语，做过数以十亿的生意，还有富商追求。

邝文美是美新处译书部原负责人宋淇的太太，亦曾在美新处任职。她也是圣约翰大学毕业生，出身基督教家庭，故有着舍己为人的融和美德。宋美龄曾想请她做英文私人秘书，被她婉拒了。张爱玲笑她不肯陪宋美龄浪费时间，却和自己浪费。张爱玲写《赤地之恋》时，由于大纲所限，题材生疏，走笔甚感艰涩，邝文美遂常陪伴宽解，每天下班先到张爱玲租住的宿舍谈天说地，直到晚七点多钟，张爱玲不得不催她回家聚天伦之乐。张爱玲昵称她“我八点钟的灰姑娘”，给她写信：

“事实是自从认识你以来，你的友情是我生活的core（核心），我绝对没有那样的妄想，以为还能结交到像你这样的朋友，无论走到天涯海角也再没有这样的人。”

1953年，美国国会通过难民救济法案，设立了两千个特别名额，原籍内地、后来流散到香港的作家、艺术家等专才都可申请，但要有一位美国公民担保申请人抵达美国后的生计。麦卡锡帮张爱玲写了推荐信，并为她在纽约找了一位出版经纪人。只要在美住满五年，她就可以正式入籍，成为美国公民。

1955年10月22日，张爱玲乘坐的克利夫兰总统号邮轮于旧金山第13区第26港登陆美国。初上船时，她不及难过，宋淇夫妇转背走时，她才突然觉得轰然一声天坍了下来·样，泪流不止。

不过张爱玲颇适应异国生活氛围。在11月9日给邝文美的信里，她带点调侃意味地说：

“我大概寂寞惯了，所以不嫌寂寞。”

何况炎樱已先自日本抵美。一周后，张爱玲带炎樱拜访正在纽约做寓公的胡适。

早在前一年秋，张爱玲就在香港寄过《秧歌》给胡适，胡适郑重回复评赞。即使有此前缘，喝着玻璃杯里泡着的绿茶，张爱玲的言状仍似女中学生去老师家做客，端整到有些拘谨。有她视胡适为神明的因故，更多是她不擅委酬兜转。

还好有炎樱。胡夫人端出一碟茶叶蛋，炎樱活泼地笑夸好香。胡适请她多吃些，她惊叫："不可以，这个吃多了会放屁的。"连胡适也被逗笑了："是的，不过没关系。"

感恩节那天，张爱玲跟炎樱去一位美国女人家里吃烤鸭子，出来的时候，天已经黑了。张爱玲走在街上，感觉深蓝色街道特别干净，灯火橱窗，新寒爆冷，霓虹灯晶莹可爱，她仿佛又回到了10年前的上海，她尚年轻，前程杳杳但注定远大……她很快乐。只是夜来风寒，回去后就呕吐了。

刚巧胡适先生打来电话，约她和大家同去吃中国馆子。张爱玲只好抱歉，其实知道是体贴的胡适怕她一个人过节寂寞。胡适还来她住的救世军职业女子宿舍看过她，赞慰她"这地方很好"。

有朋友与雄心在，再浩渺处亦不嫌无着。

Be thank
Don't miss me

1956年3月13日，张爱玲在新罕布什尔州彼得堡的麦克道威尔文艺营初见美国左翼作家赖雅。这位哈佛毕业、曾经的好莱坞编剧界宠儿的老男人谈吐有趣，常令她会心大笑。很多事情不必多说，即彼此都懂得。5月12日，有记日记习惯的赖雅当天记录道：

“Went to the shack and shacked up.（去小屋，有同房之好。）”

5月14日，赖雅先行离开。张爱玲车站送别时，为经济状况并不宽裕的他送了一些现金，令他讶异又感动。

7月5日，赖雅收到张爱玲的信。她怀孕了。

赖雅曾有一段短暂婚姻和一个女儿，多年来他一个人浪迹天涯，从未想过有再婚必要。他有点纳罕于自己立刻提笔，给张爱玲写了求婚信。

“我们这么好也是怪事。”两人再次见面后，赖雅有点不好意思地笑着说。

张爱玲微笑。他老了，比她大29岁，但她并不相见恨晚。她以为早几年他未见得会喜欢她，更不会长久。没有早一步也没有晚一步，一切都刚刚好。

To:
Fedinand Reyher
From:
Eileen Chang

他们共同决定不要这个孩子。

赖雅有点犹豫:“生个小张也好。”

张爱玲笑:“我不要。在最好的情形下也不想要——又有钱,又有可靠的人带。”她不以为自己会善待小孩,则不带他到这世上就是善待了。

彼时在美国堕胎违法。幸好有炎樱,央她的女上司找到一个可以上门的医师。虽然要价不菲,四百美元。

四个月了,张爱玲有点担心药线打不下来。夜里,她在浴室灯下终于看见抽水马桶里的男胎,在她惊恐的眼睛里足有十吋长……恐怖到极点的一刻,她扳动机钮,以为冲不下去,竟在波涛汹涌中消失了。

1956年8月14日，他们在张爱玲借住的纽约一幢小公寓里结婚，女方证婚人仍是炎樱。

蜜月后，他们双双回到麦克道威尔文艺营，继续边工作边恋爱的美妙生活。直到一个月后，赖雅中风。张爱玲方得知赖雅之前有过中风经历，只是要强的他不肯轻易“示弱”。

只要身体状况稍微好转，赖雅就会承包几乎全部家务。虽然他们的经济状况一直不宽裕，但张爱玲的好友宋淇任职香港国际电影懋业公司以来常请她写剧本；她的小说《秧歌》卖出了广播剧版权；他们各有一点版税收入……只要赖雅健康良好，简单生活且不成问题。

1957年，张爱玲收到母亲的来信，她患了重病。对于自己尚生活得趑趄踉跄的张爱玲来说，根本无力照顾母亲。在她曾经最需要母亲的时候，母亲亦并不在……她寄了信与一百美元的支票过去。

母亲在伦敦一间地下室去世，为张爱玲留下一箱古董。打开那只塞得满满的小箱子时，张爱玲忆起在香港浅水湾酒店，午后艳阳透过落地窗，母亲絮絮教她如何打包行李箱……耳边响起母亲常说的那句俗语：虎毒不食子。

这箱“宝藏”令他们的生活不再那样弦繁管急。从前的中国人常过农历生日，1958 年，赖雅终于弄清楚了张爱玲当年的公历生日是10 月1 日，便写在日记里提醒自己。他一向早起，会躲到外面去，避免吵醒张爱玲。这天中午，他做了一顿美餐。傍晚，他们去看了电影《刻不容缓》（No time for sergeants），看得大笑，笑出了眼泪。然后他们手拉手散步回到家……张爱玲告诉赖雅，这是她有生以来最快乐的生日。

1959年12月，张爱玲收到炎樱的来信，信中告知她的英文小说《粉泪》未被出版商接受。张爱玲当即泪崩，直病了一个多月。但她灵魂里有铁，她向宋淇说：

“如果成功，我不会高兴得就此懈怠下来，如果不成功，我也不会就此灰心。”

好在1960年7月，张爱玲顺利入籍成为美国公民。她和丈夫外出吃了丰盛的午餐，还买了鲜花回来。但她灵魂里的铁频频催她出发，去香港完成一批剧本，尽快拿到稿费缓解家庭经济问题，还要去台湾采风，顺便看是否可以访问到张学良，以完善她的英文小说《少帅》，一个东方年青高官与他的洛丽塔的爱情纠葛。

赖雅在日记里写：“好，我很满足现状，她却想要改变。” 都说她走了可能不再回来，但他还是让她去了。

1961年10月，张爱玲飞往“边城”台湾。熟识又陌生的风土人情令她身心愉悦，接待她的台大学生王祯和说，花莲的乡亲都以为张爱玲是他的女朋友。然而去台东的路上，她接到麦卡锡电话，被告知赖雅再次中风。

张爱玲立刻停止台湾之行。但她身上甚至没有足够回到赖雅身边的机票钱，只好请邝文美在旺角租了间房子，想尽快完成宋淇公司的剧本，拿到稿费再返美。

张爱玲在香港夜以继日地赶剧本，双脚水肿，眼睛充血，却没钱买大一号的拖鞋，和一副更合适的眼镜。她似乎处在“水逆”中，编写的两部《红楼梦》剧本不停修改，一直无法过关。却又传来电懋的竞争对手邵氏公司已抢拍《红楼梦》的消息，等于她之前的心血都白费了。没有力气多加抱怨，她只好立刻投入其他剧本的创作。坚强的赖雅已再次转缓过来，不停催她回美国不得，开始质疑她“无止境地延期”。

在香港身心濒临崩溃的同时，张爱玲并不知道，自己的命运会因一个叫作“夏志清”的陌生人而改变。1961年，任职哥伦比亚大学的耶鲁大学博士夏志清的英文版

《中国现代小说史（1917—1957）》在美国出版，他以42页、超过鲁迅的最长篇幅盛赞张爱玲是“现今中国最优秀、最重要的作家”，称《秧歌》是不朽制之作，《金锁记》是中国有史以来最伟大的中篇小说。虽然这本学术名作并不能为张爱玲带来即时经济效益，但无疑将为她今后的道路斧平许多荆棘。

1962年3月，张爱玲终于回到美国。赖雅犯了一个张爱玲常说的“弗洛伊德式的”小错误——他算错了她抵达的时间，提前一天就到机场等她，可见潜意识中他多么期待与她的重逢。张爱玲不禁对朋友笑：

“这场婚姻算不上明智，但充满热情。”

他们在张爱玲喜欢的纽约度过一段愉悦时光。但次年，71岁的赖雅摔了一跤，卧床不起，身体状况再次落阶。不擅家事的张爱玲勉力支撑之余，仍笔耕不辍。对于她，写作即活着。

赖雅与前妻所生的女儿菲丝当然不可能懂得。所以当1966年，为专心写作，张爱玲将赖雅留在菲丝家并请了位黑人看护照料，自己独自前往迈阿密大学做驻校作家，菲丝非常愤怒，认为张爱玲抛弃了赖雅。见外人照料终不如家人妥帖，张爱玲又专门飞回来，将赖雅接到迈阿密。

1967年，张爱玲到马萨诸塞州剑桥雷德克里芙女校（哈佛大学姊妹校）当驻校作家，力图在此将她热爱的“传承红楼梦精髓”的小说《海上花》译成英文。此时赖雅已多次中风，大小便失禁，张爱玲一直尽心照料。10月8日，赖雅去世，享年75岁。

炎樱拒绝评价张爱玲的这段婚姻，但和菲丝的说法如出一辙：赖雅对张爱玲的爱是“Crazy”（疯狂）的。有人说张爱玲嫁赖雅是为绿卡，事实是她一到美国就有绿卡。之于赖雅，正如她给友人信中所述：

“我结婚本来不是为了生活，也不是为了寂寞，不过是单纯地喜欢他这人。”

1969年7月初，张爱玲启程往加州伯克利大学任中国研究中心研究员。她的上司是喜欢热闹的陈世骧。陈世骧热情邀请她参加家宴，她只去过一次，且话极少。陈世骧指着在座几位客人说这就像个大家庭，张爱玲事后对朋友说她最怕大家庭。

张爱玲总日落方至办公室，日出而走。与张爱玲同一个办公室、只隔一层隔板的同事陈少聪，说张爱玲甚至连些微点头都能免则免。有次张爱玲患感冒，陈少聪跑去药房配了几服中药送到她家门口，为了不叨扰她，揿了几下门铃，把药放在门边就走了。几天后，张爱玲来上班，依然静默不语。只是陈少聪桌边多了瓶香奈儿5号香水，盒下压着张小字条：谢谢。

张爱玲工作很努力，常在信中向朋友倾诉自己工作之忙之苦，只是由于缺乏沟通，

她的上司和同事全不知情。张爱玲终于交出两页论文时，陈世骧表示看不懂。偏张爱玲不擅应对，越剖白陈世骧越恼火。1971 年 4 月，陈世骧通知张爱玲6 月底结束工作离开，这是张爱玲赴美16 年来至大打击。后陈世骧5 月因病猝逝。葬礼那天，张爱玲抱病前往。

张爱玲当然不是全不善言辞的。譬如——

1968 年，因台湾皇冠出版社为她出版了一套《张爱玲全集》，7 月，在剑桥的一个雨夜，她接受了台湾记者殷允芃的访问。她热心地走进走出，为客人煮浓咖啡，端出核桃甜饼、花生米和两小杯白葡萄酒，抱歉咖啡勺尚匿在没有打开的行李箱里。客人出门时已过午夜。

三年后，1971 年6 月的一个周末，在伯克利大学附近的旧金山寓所，张爱玲破例接受台湾记者水晶的入户专访。她去台湾时，水晶尚是台大二年级生，一直痴狂于她的文字。水晶不喝酒，张爱玲请他喝可乐，还开了罐糖腌番石榴。他们从傍晚七点半谈到凌晨两点半。

又三年。1974 年6 月底，她在洛杉矶公寓招待她的“小朋友”庄信正夫妇，为他们舀奶油杏仁冰淇淋，泡了咖啡，从晚八点四十聊到凌

晨三点半，还给他们讲解她从上海带出来的珍贵的私家相册。

——她与这些幸运的客人动辄一聊就是六七个钟头。话不投机方嫌半句多罢。当然，这些亦是张爱玲独居海外数十载，在家中招待过的全部客人。

1972年，张爱玲搬家到洛杉矶，开启她生命后半场的完全独居生活。

如她所言，为写作她离群索居，不必为衣着发愁，除日常必需品再无其他开支。这时每三个月她都会收到皇冠出版社的一笔版税，虽不甚多，堪可满足基本生活。她终于可以回到“没有人与人交接的场合”，由此“充满生命的欢悦”。

1977年8月，张爱玲用十年时间完成的十余万字红学专著《红楼梦魇》出版。三个月后再版。多年来只有少数小说作品如《色·戒》面世，有人以为她转向了学术研究领域，其实她早已完成自传体长篇小说《小团圆》。只因彼时胡兰成去了台湾，如出版此书倒赠他热点。之前他还频频写信夹缠她。他做的《中国文学史话》有三篇专谈她。她是他平生长悬前胸的勋章。

1981年7月25日，胡兰成因心脏衰竭在日本去世。得到他去世消息的同一天，张爱玲收到七千美元的稿费，她觉得这是生日礼物。

1984年1月22日，张爱玲写信给庄信正：

“从圣诞节起，差不多一天换个汽车旅馆，一路扔衣服鞋袜箱子，搜购最便宜的补上……”

64岁的张爱玲忽然患上一种怪病，总觉有蚤子在噬啮她的肌肤。这种蚤子又特别细小，肉眼几乎找不见。医生完全摸不到头脑，用各种药膏，用紫外线灯一照就是十几个小时，全不管用，只得搬家。然而蚤子附在搬来的家什上，又跟来新家了。于是只好继续且搬家且丢东西……

在这旷日持久的人虫大战中，庄信正极不放心，委托在洛杉矶的朋友林式同就近照顾她。林式同是建筑界人士，并不知张爱玲是谁，但乐于助人的他立即满口答应。他介绍人来帮忙“杀虫”，但当晚又有蚤子出现，张爱玲只好再次惶然出逃。

直到1988年3月，张爱玲一直过着大迁徙

式的汽车旅馆生活，平均每周搬一次家。庆幸的是，此时宋淇将她的小说《倾城之恋》卖出高价电影版权，金钱上没有过多压力。

但，究竟是怎样一种神秘而顽固的蚤子，那样矢志不渝地追随她，比最痴情的痴情还要痴情？夏志清分析，张爱玲这种前无古人后无来者的病是否源于其他？总是感冒的她曾太息“感冒原本是一种很伤感的病”，那么闹蚤子是不是“一种很苍凉的病”？忆及她曾经暴击人心的那句“生命是一袭华美的袍，爬满了蚤子”，不由人不感喟造化弄人。

1988年3月，张爱玲刚从蚤子的噩梦中醒来，台湾《联合报》介绍女作家戴文采专访张爱玲。虽然之前做足功课，主编痖弦甚至给张爱玲寄去戴文采写的小说，表示这位记者的文采堪可，张爱玲回信说小说写得不错，可她的牙龈一直渗血，所以不能接受采访。

于是戴文采专门租了张爱玲隔壁的房间，筹谋“亲密偷窥”她的生活。谁知张爱玲绝少出门，戴文采在此耽了一个月，只隔墙听见张爱玲屋内常有电视机声音。终于有一天，她窥见张爱玲出门丢垃圾。大约太久没有出门，所以张爱玲一口气丢了十几纸袋垃圾。在张爱玲丢好垃圾匆匆回房后，戴文采半个身子吊挂在蓝漆黑盖的大垃圾桶外，在许多满怀狐疑的墨西哥裔木工前，用一长枝菩提枝子把张爱玲的全部纸袋子钩了出来，得意自云：

“我身上浆白了的浅灰色棉裙子与垃圾桶参差成优雅的苍凉。”

“她真瘦，略过八十磅，生得长手长脚，骨架却极细窄，穿着一件白颜色衬衫，亮如佳洛水海岸的蓝裙子，女学生般把衬衫扎进裙腰里，腰上打了无数碎细褶，像只收口的软手袋，因为太瘦，衬衫肩头以及裙摆的褶线始终撑不圆，笔直的线条使瘦长多了不可轻侮……如见林黛玉从书里走出来葬花，真实到几乎极不真实。岁月攻不进张爱玲自己的氛围，甚至想起绿野仙踪。”

——戴文采的文采确实不坏，将对张爱玲的迷醉之情写成一支芭蕾，铮铮琳琳跃然纸上。但该文专门提到包括张爱玲的垃圾中颇多带血纸巾、她必有牙龈出血毛病等多重个人隐私。大约也因此，戴文采笃定这文章可卖个好价钱，不枉她如此辛苦埋伏与卖弄。

但得到消息的台湾《中国时报》副刊主编季季甚觉不妥，她认为一袋封闭的垃圾属于绝对隐私，不应被如此刺探，何况张爱玲自来非常注重完全清净的个人空间。于是她立刻打电话通知庄信正，庄信正立刻通知张爱玲。虽然刚刚结束历时五年的大

迁徙，好容易安定下来，张爱玲还是立刻搬家。直到她搬走半月，戴文采还在隔墙苦苦觅听她的电视机声音。

也难怪戴文采拾到张爱玲的垃圾如获至宝，遑论港台，彼时连大陆的一线作家阿城、王安忆、贾平凹，遇见张爱玲的文字都失魂落魄。王朔膜拜的阿城，在《收获》杂志上初见张爱玲的《倾城之恋》，心下立刻惴惴若张爱玲见他的文章不知该如何冷笑。当年台湾最火的女作家三毛亦是张爱玲粉丝，除每晚枕边拜读外，专以她和胡兰成的故事为蓝本写了部电影剧本《滚滚红尘》，该片获当年金马奖八项大奖。

然而这些荣光伟岸与现实中日渐年迈的张爱玲似乎并不相干。年事愈高，愈多为肉身困扰。蚤子惊案方告一段落，牙病、感冒与肠胃病又搅上了她。1989 年3 月，由于失眠症缠身，精力不济，她过街时被一个中南美青年撞到，跌破右肩骨。她不会开车，经常看完医生连末班车都没了，只得叫车，累到回家须躺上两天。她自嘲“常闹‘去看医生，回来就病了’的笑话”。夏志清有很长时间都收不到张爱玲任何消息，炎樱写

信抱怨“我不知道我做错了什么，使得你不再理我”，应当就是这段时日。

当然，即便如此水深火热，“写得很慢很吃力”的张爱玲仍在很慢很吃力地写着。

1994年，皇冠出版张爱玲第十五部新书《对照记》。这是一本她和至亲密友的照片集及“照片背后的故事”。照片来源应当就是1974年那个夏夜，她给庄信正夫妇看的那本老影集。她曾在数十万细密诡谲的文字中一遍又一遍说他们，怨他们，戏将终场，她甩一波水袖，鸿蒙初起，新婴初啼，一笑泯恩仇：

“他们只静静地躺在我的血液里，等我死的时候再死一次。我爱他们。”

有趣的是，内中有一组她在上海做“民国女子”时的艺术照，年轻的她赫然佩着项链、帽子等饰物。她在旁悠悠注明：

“我从来不戴帽子，也没有首饰。这里的草帽是炎樱的妹妹的，项链是炎樱的。”

——有点像特为引人忆起一段“公案”：张爱玲再度走红后，专注黑她数十年的女作家潘柳黛在香港再度撰文，说张爱玲曾邀她和苏青到家里喝下午茶，进门后，发现张爱玲穿着鹅黄露肩长

礼服，浑身上下挂满亮晶晶的项链首饰，香气袭人。她以为张爱玲要赶赴隆重宴会，于是想走，谁知张爱玲道，我这样打扮，就是为招待你们呀。她和苏青当时穿着很随意，互相对看一眼，顿时觉得自己是山顶洞人……

张爱玲对此的反馈一直是“潘柳黛是谁？”。而此处淡淡一句“我没有首饰”，顷刻将潘柳黛之前的泱泱数千言击个粉碎。真是调皮。

1994 年秋，张爱玲获台湾第17届“时报文学奖”的“特别成就奖”——令人想起从前炎樱在张爱玲小说集《传奇》研讨会上的发言：“她写得这样辛苦，有一点收获是该当的。”

报社自是盛邀她回台领奖，当然这隶属奢望。但张爱玲居然为报社提供了一张她的“玉照”，为表明是“近照”，她手中特举一份“主席金日成昨猝逝”的报纸。金日成逝于1994 年7月8日，显然这张照片摄于7月9日。

很多粉丝讶异她躲人不亚于躲蚤子，为印一张合眼缘的“卷首玉照”不惜和印厂老板再三叨咕，暮年居然肯如此豁然出镜——后经林式同回忆，1993年5月，张爱玲曾做过一次眼袋整形手术，还新配了隐形眼镜。这应当就是她大方出示这张照片的缘由之一。哈，走过如此漫漫的辛苦路，她还是那个一脸端正气的爱美小女生。

The New York Times

1995年9月8日，林式同忽然接到张爱玲伊朗房东的电话，说张爱玲可能去世了。

林式同大惊，立刻去寻张爱玲遗嘱——早在1992年2月14日，依照当地法律，张爱玲在法定公证人和其他三位证人面前完成宣誓，立过一份遗嘱。三天后林式同收到这份邮寄过来的遗嘱，因觉来日方长，只信手收起。

下午3时，林式同带着遗嘱副本到达张爱玲租住的公寓。警察验明正身后，允许他进入张爱玲的房间。如果没有这份遗嘱，他即无权处理张爱玲身后事宜，而张爱玲在美国并无至亲，后果不难想知。

长长的走廊没有窗，灰灰的日光灯整天亮着，张爱玲在人世间的最后一扇门在走道尽头靠左的位置，颜色是许多年前，她父亲的姨奶奶用整幅丝绒为她特制的新装的雪青色。

法医检验张爱玲死于六七天前，死因是心血管疾病。

房间内，保暖的日光灯还亮着，张爱玲平躺在靠墙的行军床上，没有盖任何东西，头发很短，眼和嘴都闭着，手脚自然平放，身下垫着蓝灰色的毯子，沿袭了一辈子的瘦，益发忠心地追随着她。

床前地上放着架小电视机，靠窗一叠纸盒即是写字台。衣服和杂物放在地上的纸袋里，一只装满各种证件和信件的手提包放在门边最易被发现的厨房吧台上。另有一张小折叠桌，一把折叠椅，想是坐来吃饭的。没有任何熙熙世人孜孜倾慕的繁华物事，真正是白茫茫大地真干净。

张爱玲识人很准。她指定的遗嘱执行人林式同先生是一位君子。他把张爱玲银行里存有的28000多美元全数汇给遗嘱受益人宋淇夫妇。并将张爱玲的遗物,包括书籍、照片、衣物、鞋子、手提包、假发、毯子以及两箱手稿,计14箱物品,以海运方式寄给宋淇夫妇。宋淇夫妇又将葬礼等费用约11700美元汇还给林式同。

宋淇夫妇一直在帮张爱玲将一些闲钱投资外币,或定期存款。他们的儿子宋以朗在一张的写着张爱玲英文名的纸条上,发现有"外币存款剩余32万多美元"字样。当然这不具法律效力,但爱钱的张爱玲晚年不缺钱,那简直是一定的。

1995年9月30日，正是明如水、清如镜的秋天，林式同携几位友人乘船出海，将张爱玲骨灰撒入太平洋。

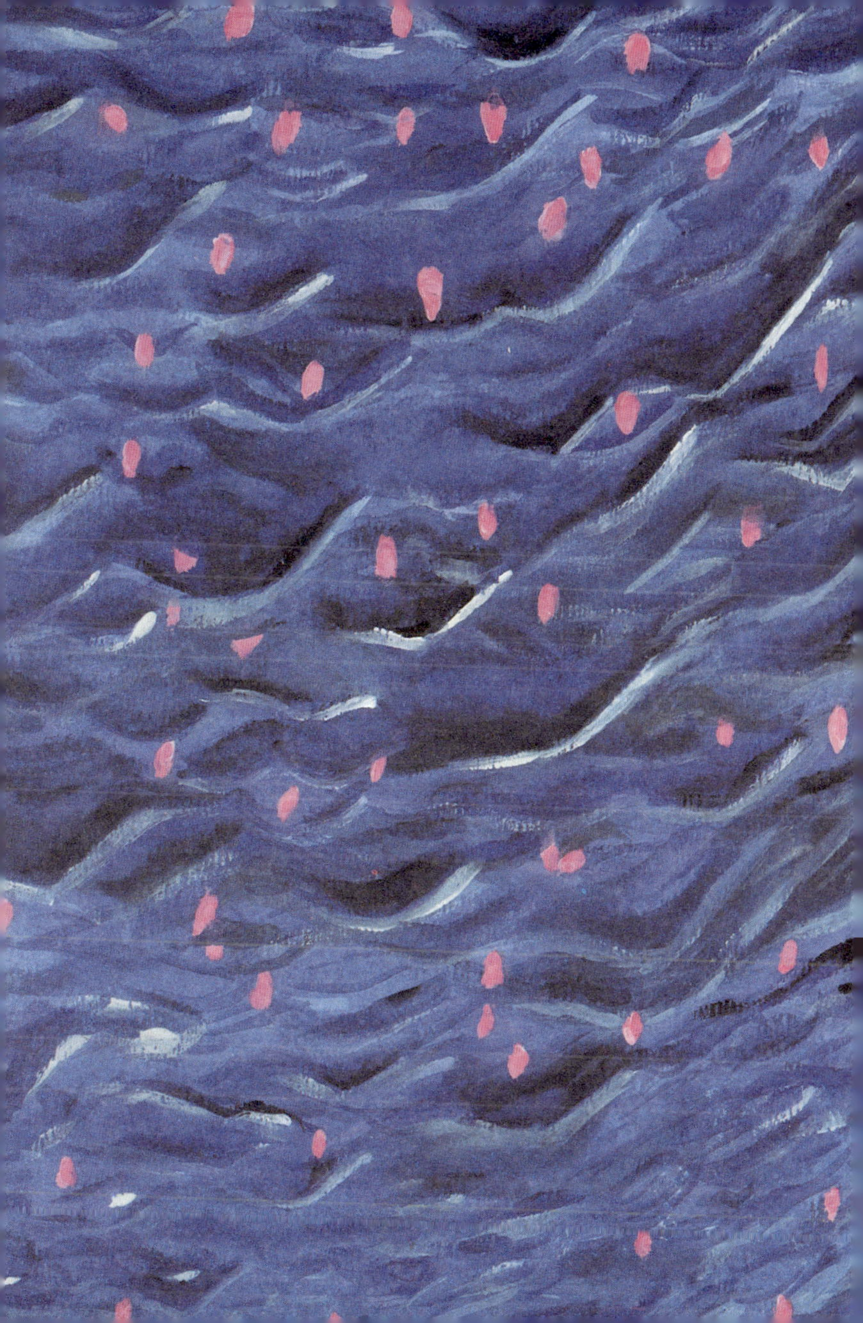

尾声

宋淇夫妇年事已高，整理、出版张爱玲遗作的责任落在宋以朗身上。2004 年以来，张爱玲遗作《小团圆》《雷峰塔》《易经》《异乡记》《同学少年都不贱》《重访边城》等陆续出版，多次登上畅销书排行榜。有人搜索大学论文资料库，找到六千多篇有关张爱玲的论文，数量仅次于研究鲁迅的。张爱玲研究渐次形成为“张学”。

那个抓周时，一手拿金镑，一手拿笔的小小女孩，在步入老年时曾慨然宣言：

> “我当然不会为非作歹，却也不要太好了，死后玉皇大帝降阶相迎，从此跳出轮回，在天宫里做个女官，随班上朝。只有生生世世历经人间的一切，才能够满足我对生命无餍的欲望。”

——啊，这真是蒙命运女神眷顾的完满一生。

The New York Times

跋 我们为什么爱张爱玲？

我承认，读了张爱玲这么多年，对她有一种唯有累以岁月方得成就的包浆般的私情。既有私情，看对方多少总有些掺杂滤镜的嫌疑，我认。但这场徇私的深情，我毫不惮于昭告天下，因为——张小姐也太酷了。

如果活着，今年她刚好一百岁 。她无疑是中国文坛为数不多的当得起“天才”名分的作家之一。也许是最有天才的。然而她的伟大与先驱意义，亦在于她是一个精致的利己主义者。

尚以为“自私”二字不算美德的，可速去盘查万人丛中，得以“独善其身”的能有几位。何况是被重锤了数千年的中国女人。张小姐时代的女人多是恋爱脑，因为无所依附的话，无论身心都难以生存——“一个女人，再好些，得不着异性的爱，也就得不着同性的尊重。”时代所限，张小姐起初也不能出其右太多，但她

居然能够在其间左冲右突，渐次杀出一条个人主义的血路，囫囵保全个人灵魂的完整乃至葱郁，是大英雄。

自私的人都是清醒的。张爱玲的血管里面不愧流着李鸿章的血，一路走来，她的清醒已臻不见刀光，周遭已是雪洞般清净之界。有人不肯宽宥她，主要嗔她“狠起来连自己的孩子都杀”（指她曾义无反顾选择堕胎）。是嫌这世上“女人在犹疑中要了孩子，不但累及自身，更害了孩子”的戏码还不够多吗？二十出头即看穿“长的是磨难，短的是人生”的张小姐，焉肯为庸常过客的一声叫好，折身出演这廉价戏码？

胡兰成曾嗟叹这位大小姐在上海时须亲身上街买小菜，胡不知这只是她亮烈生命的零敲碎打。在香港赶剧本赶得贫病交加，边照料大小便失禁的瘫痪丈夫边孜孜工作，年过花甲而被（意念中的？）蚤子死缠烂打，独自扤着细软奔波于数十个粗陋的汽车旅馆，晚年被路人撞断胳膊，因为懒得（不擅？）烹饪长年吃方便食品……凡此种种，张爱玲没有抱怨，只有自嘲。一早乘公交车看医生深夜方得归来，累到瘫

在床上两天才略得转缓，然而披上新置的小皮草外套，七十岁的她依然宛若老上海静安路上那个孤标傲世的少女。

如今姑娘们心心念念的戏码：念私校，上补习班，出国留学，精益英文，拿奖学金，年少成名，甩脱PUA渣男，逃离原生问题家庭，以精英身份移民，恋上异国大叔，逛跳蚤市集，决然堕胎，相与闺蜜，与社交恐惧握手言和，坦然独居，悄然整容……全是她老人家玩儿剩下的。搬出她身后遗下的每一件衣饰，依然是现今摩登女孩们抢破头的样板单品。她去世前一年接受的小整容术，为她意味深长的人生画卷又添点睛笔触。

“人最可贵之处在于看透生活的本质后，依然热爱生活。”这句曾刷遍朋友圈的罗曼·罗兰的箴言乍看与刚艳冷冽的张爱玲全无干连，但稍作沉吟，便知再没有比她更佳的代言人。在我们的人生树底处盘几须张爱玲的根是幸运的，她引领我们的灵魂过了铁，而仍保有舒花展叶的温度。

年好閤
天賜鴻禧

玉清的脸光整坦荡，

像一张新铺好的床；

加上了忧愁的重压，

就像有人一屁股在床上坐下了。

——张爱玲《鸿鸾禧》

生命也是这样的罢

——它有它的图案，我们惟有临摹。

所以西洋有这句话：“让生命来到你这里。”

——张爱玲《〈传奇〉再版序》

快乐的回忆容易感到模糊，

而刺心的事情——尤其是小时候觉得刺心的事情

——是永远记得的，

常常无缘无故地就浮上心头。

——张爱玲《半生缘》

Life portraits

作 者 简 介

画眉，本名赵元。

作家/ 绘本作者/ 资深媒体人/ 心理学研究生/ 设计师/ 微旅行家/ 园艺爱好者/ 古着搭配师/ 轻幸福实践者

曾任多本知名时尚生活方式纸媒高管。出版过《林黛玉的短信息》《谁能陪谁到永远》《一个人的贵族》《不买会死吗？》《我的私人时尚史》《小红帽不想当小红帽》《每朵花不一样》《一个小孩没朋友》《我不想当姐姐》《流浪狗》等20 多本个人作品，题材涉及小说、随笔、绘本等多种艺术表现形式。另有多本合集。

曾为《南方周末》《新京报》《深圳商报》《时尚》《女友》等全国数十家知名媒体及知名公号长期专栏作者，作品多次被《读者》《青年文摘》等知名媒体转载。

在多年媒体生涯中，专访、对谈过章子怡、张曼玉、周迅、徐静蕾、孙俪、邓超、黄觉、李亚鹏、萧蔷、费翔、姜武、何冰、陈建斌、袁咏仪、钟丽缇、陈冲、池莉、张抗抗、于丹、严歌苓等近百位知名人士，并广受好评。

图书在版编目(CIP)数据

手绘张爱玲的一生：优雅是残酷单薄的外衣 / 画眉著、绘. -- 桂林：漓江出版社, 2020.8

ISBN 978-7-5407-8847-6

Ⅰ. ①手… Ⅱ. ①画… Ⅲ. ①张爱玲（1920-1995）- 传记 - 画册 Ⅳ. ①K825.6-64

中国版本图书馆CIP数据核字(2020)第017011号

手绘张爱玲的一生：优雅是残酷单薄的外衣

SHOUHUI ZHANG AILING DE YISHENG：YOUYA SHI CANKU DANBO DE WAIYI

作　　者 画　眉　　**绘　　者** 画　眉

出 版 人 刘迪才

策划编辑 符红霞　　**责任编辑** 王成成

责任校对 赵卫平　　**装帧设计** page11

责任监印 黄菲菲

出版发行 漓江出版社有限公司

社　　址 广西桂林市南环路22号　**邮　　编** 541002

发行电话 010-65699511　0773-2583322

传　　真 010-85891290　0773-2582200

邮购热线 0773-2582200

电子信箱 ljcbs@163.com　**微信公众号** lijiangpress

印　　制 北京中科印刷有限公司

开　　本 787 mm × 1092 mm 1/32　**印　　张** 5.75　**字　　数** 80 千字

版　　次 2020 年 8 月第 1 版　**印　　次** 2020 年 8 月第 1 次印刷

书　　号 ISBN 978-7-5407-8847-6

定　　价 45.00 元

《手绘张爱玲的一生：
优雅是残酷单薄的外衣》

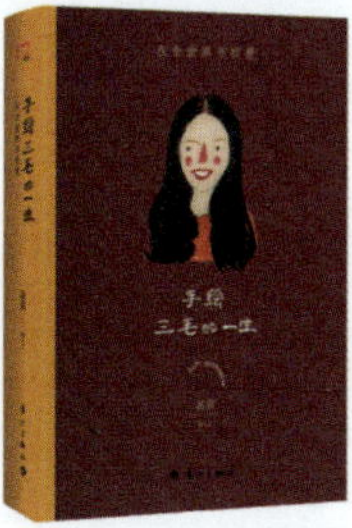

《手绘三毛的一生：
在全世界寻找爱》

即将上市

《手绘林徽因的一生》

《手绘萧红的一生》